DE LA REVISION

ET DE LA

CODIFICATION DES LOIS

APERÇU

SUR LA REFONTE DE LA LÉGISLATION DE LA MARINE

PROJET

DE

DICTIONNAIRE ADMINISTRATIF DE LA MARINE

PAR

C. CHATELAIN

INSPECTEUR ADJOINT DE LA MARINE

PARIS

BERGER-LEVRAULT ET Cie

Éditeurs de la Revue maritime et coloniale et de l'Annuaire de la Marine

5, RUE DES BEAUX-ARTS, 5

MÊME MAISON A NANCY

1880

DE LA REVISION

ET DE LA

CODIFICATION DES LOIS

APERÇU

SUR LA REFONTE DE LA LÉGISLATION DE LA MARINE

PROJET

DE

DICTIONNAIRE ADMINISTRATIF DE LA MARINE

PAR

C. CHATELAIN

INSPECTEUR ADJOINT DE LA MARINE

PARIS

BERGER-LEVRAULT ET Cie

Éditeurs de la Revue maritime et coloniale et de l'Annuaire de la Marine

5, RUE DES BEAUX-ARTS, 5

MÊME MAISON A NANCY

1880

SOMMAIRE ANALYTIQUE.

I. — Refonte des recueils de législation militaire et maritime en Russie et en France, et spécialement de la refonte russe. — Code maritime russe en préparation 3

II. — Codification des lois et des règlements administratifs en général, et particulièrement d'un Code administratif de la marine en France 8

III. — De la revision permanente des recueils législatifs et réglementaires de la marine en France. 12

IV. — De la refonte des lois en général. — Des tentatives infructueuses faites dans ce but à trois époques différentes : pendant la Révolution, pendant la Restauration et de nos jours. — Examen historique de la question. — Unité de législation en France. — État actuel. — Compte rendu de ces travaux. 17

V. — Des répertoires législatifs et réglementaires en général ou recueils de jurisprudence. — Des dictionnaires administratifs en usage en France et plus spécialement d'un dictionnaire administratif particulier à la marine. — Aperçu sur un projet de ce genre. — Conclusion 29

DE LA
REVISION ET DE LA CODIFICATION
DES LOIS.

APERÇU SUR LA REFONTE DE LA LÉGISLATION DE LA MARINE.

PROJET DE DICTIONNAIRE ADMINISTRATIF DE LA MARINE.

I. — Refonte des recueils de législation militaire et maritime en Russie et en France, et spécialement de la refonte russe. — Code maritime russe en préparation.

La marine impériale russe vient d'entreprendre une refonte complète de toute sa législation générale et spéciale et des nombreux règlements dont cette législation se compose, depuis l'année 1700 jusqu'en 1875, en vue d'introduire un peu d'ordre dans les documents encore en vigueur, et de faciliter, à l'aide d'un recueil systématique de tous les matériaux anciens et nouveaux, un travail ultérieur de codification maritime.

On peut, à ce propos, se demander si les lois et les règlements administratifs de la marine sont bien susceptibles d'être codifiés. Nous étudierons même cette question plus loin dans un chapitre à part en ce qui concerne notre pays.

En France, l'on travaille, en ce moment, à une refonte des recueils officiels de la marine, en réunissant dans une édition nouvelle les actes restés en vigueur et disséminés dans les collections des ordonnances royales antérieures à la Révolution, et

1° Dans l'ancien *Recueil des lois de la marine* de 1789 à 1808;

2° Dans les *Annales maritimes et coloniales* de 1809-1815 à 1847 (partie officielle);

Et 3° dans le *Bulletin officiel de la marine,* de 1848 jusqu'à nos jours.

On fait, en un mot, pour la marine française, ce que le ministère de la guerre a entrepris et est parvenu à achever pour son *Journal militaire officiel :* une réédition expurgée comprenant seulement les actes respectés par le temps ou partiellement modifiés et d'où seraient soigneusement éliminés tous ceux qui ont été soit abrogés, soit remplacés, par suite même des variations ou des exigences du service, ou qui, tombés en désuétude, sont devenus inutiles et sans application par le fait, la tendance et l'esprit de réformes générales plus récentes.

Pour se convaincre des difficultés d'une pareille tâche, il suffit de lire l'exposé des motifs du recueil systématique de matériaux pour le code maritime russe et les sommaires détaillés des dix-sept parties du recueil (publication russe, Saint-Pétersbourg, 1876).

Le désarroi de la législation maritime est constaté, dans cet exposé, en termes qui ne laissent aucun doute sur les inconvénients que présentait un semblable état de choses pour la bonne exécution du service.

Les essais antérieurs tentés en Russie pour remédier à ces inconvénients, remontent au commencement de ce siècle et sont longtemps restés sans résultat; mais l'entrée du grand-duc Constantin dans la marine, en qualité de grand-amiral, a marqué une ère de rénovation : des travaux législatifs considérables ont été entrepris, depuis 1860, sous son inspiration.

Afin de procéder méthodiquement et avec esprit de suite, on a reconnu la nécessité d'instituer, dans le sein même du ministère de la marine russe, une direction spéciale des travaux de codification dont la mission (maintenant que les matériaux sont réunis et que les anciens recueils sont expurgés) sera d'établir, de publier et de tenir à jour le code maritime.

Il faudra attendre que ce code ait paru avant de rendre compte de l'intérêt que peut offrir une œuvre de cette importance; toutefois, dans le travail préparatoire de mise en ordre et de revision du recueil des matériaux, on aperçoit déjà le plan tracé, la méthode poursuivie par les auteurs du projet.

Sans rencontrer partout les mêmes divisions qu'en France : *Personnel, Matériel, Inscription maritime, Recrutement, Vivres, Finances, Comptabilité, Justice, Hôpitaux, Colonies, Pensions,* etc., etc., plusieurs points de ressemblance se découvrent entre la législation maritime russe et la nôtre.

Des points de comparaison s'établissent d'ailleurs nécessairement, par suite de la nature des questions et des matières ; mais il faudrait remonter à l'origine même de l'organisation générale en Russie et avoir à sa disposition d'autres documents que les actes publiés jusqu'à ce jour pour établir un parallèle entre les institutions maritimes russes et celles de la France.

Le conseil d'amirauté russe, par une décision du 28 novembre 1873, reconnaissant que l'établissement le plus prompt possible du recueil projeté est indispensable à toutes les administrations de la marine, en a confié la préparation à la direction de codification elle-même, avec responsabilité, tant de la plénitude de l'ouvrage que de l'exactitude de sa rédaction.

Ce n'est donc pas, comme en France, d'un recueil purement pratique qu'il s'agit, ni même d'un manuel temporaire ou d'une compilation plus ou moins étendue ; ce que l'on veut, c'est un code entier de la marine, c'est-à-dire un travail semblable au code général et au code militaire russes.

Ne se préoccupant pas de l'ordre chronologique des textes, utile cependant à plusieurs égards, surtout dans les publications périodiques, la direction de codification aura en vue le groupement, la généralisation des documents par matière et par objet, et la division des parties par ordre méthodique, en livres, sections et chapitres.

Le choix à faire entre les actes imprimés et les actes manuscrits, tous obligatoires au même titre, a été un grand embarras, et l'on a tourné la difficulté sans la résoudre, en décidant qu'on se bornerait provisoirement à utiliser les seuls documents imprimés depuis la création de la marine russe jusqu'à nos jours.

Le programme général du recueil comprend cinq tomes, divisés en plusieurs parties et dont les principaux titres sont : *Organisation, Personnel, Services divers (à terre, à la mer, dans les ports),*

Administration (comprenant le *matériel*, la *comptabilité*, etc.) et *Justice*.

Les difficultés à vaincre ont été nombreuses et variées, tant pour réunir, grouper et classer les matériaux que pour distinguer les actes en vigueur des actes surannés et rapportés ; des lacunes nombreuses existaient dans les recueils périodiques et l'on n'est parvenu à les combler qu'en compulsant les archives centrales et celles des ports.

Le mélange d'objets divers dans un même acte a rendu les recherches et, par suite, le groupement par matière très-pénibles; et comme il faut de toute nécessité relier le passé au présent, ce n'est que par un classement plus logique de l'élément législatif et réglementaire que l'on remplira le programme projeté.

Le choix entre les actes abrogés et non abrogés a paru une des difficultés les plus grandes à surmonter à la direction de codification, surtout en présence de cette masse énorme d'ordonnances sans cohésion entre elles.

Cette incohérence défiait toute mémoire ; aussi, est-ce en vue d'une connexion plus étroite, d'une corrélation plus exacte entre les lois anciennes et nouvelles que la partie préparatoire du travail russe a été entreprise.

La formule banale et de style « les dispositions antérieures sont abrogées en ce qu'elles ont de contraire » a frappé les codificateurs russes, comme elle choque beaucoup de bons esprits en France, et ils se plaignent amèrement des malentendus qu'elle produit, des questions nombreuses qu'elle soulève, des embarras qu'elle engendre et de la correspondance oiseuse et désordonnée qu'elle fait naître chaque jour, au détriment de la rapide expédition des affaires maritimes courantes.

La multitude de lois qui s'enchevêtrent ou se contredisent sans s'abroger a été remarquée en Russie comme ailleurs ; et ce simple entassement des lois nouvelles sur les anciennes, cette superposition indéfinie n'a pas peu contribué à amener la confusion et le désarroi dont on se plaint aujourd'hui.

Cet immense fouillis, ce mélange du vieux et du neuf, cette absence de toute connexion même extérieure, ont donc rendu très-ardue la tâche des classificateurs russes, et ce n'est qu'après un examen attentif et une analyse critique sévère de chaque acte qu'ils ont pu distinguer les ordonnances et arrêtés totalement ou partiellement abrogés ou modifiés, de ceux encore en vigueur.

Un premier travail a permis de classer les actes en cinq groupes :

1° Actes douteux pour lesquels il est impossible de décider s'ils sont encore appliqués;

2° Actes effectivement appliqués par telle administration et non par d'autres ;

3° Actes anciens ayant perdu leur virtualité, bien qu'ils ne soient pas formellement rapportés, et sans que l'on puisse dire exactement quand et pourquoi ils sont tombés en désuétude ;

4° Actes non abrogés officiellement, mais qui le sont en fait par la tendance et l'esprit de réformes générales plus récentes ;

5° Actes formellement abrogés depuis longtemps et qui continuent néanmoins d'être appliqués.

L'absence de toute corrélation entre les ordonnances de la marine et les codes général et militaire, également obligatoires cependant, a encore amené d'autres remarques importantes, savoir :

1° Que beaucoup de lois obligatoires pour la marine et comprises dans le code des lois de l'empire russe n'ont jamais été promulguées dans le ministère même de la marine ;

2° Que les lois maritimes sont souvent complétées, modifiées et même rapportées, non par des arrêtés émanant de l'autorité maritime, mais par les codes, soit général, soit militaire, de sorte que, d'après la législation maritime, telle loi est restée en vigueur, tandis que, selon d'autres sources, la même loi est abrogée, et *vice versa* ;

3° Que des ordonnances militaires étendues à la marine ou notifiées dans ce ministère sont depuis longtemps modifiées, rapportées ou remplacées par de nouvelles ordonnances dans le ministère de la guerre et sont néanmoins restées en vigueur dans celui de la marine [1].

Cette diversité d'origines dépourvues de tout lien entre elles embrouille les questions, crée de nouvelles difficultés dans les choix à faire et entrave considérablement l'exacte appréciation entre la validité et l'abrogation des actes.

Plusieurs autres anomalies et irrégularités qu'il serait trop long et sans utilité d'énumérer ont encore été relevées au cours du travail, et, pour en comprendre les conséquences sur la marche du service mari-

---

[1] En lisant la préface du *Bulletin officiel de la marine française*, édition refondue et annotée (Paris, 1879, Imprimerie nationale), on verra, pages XXXIV, XXXV et XXXVI, que des remarques ayant quelque analogie avec celles faites en Russie ont aussi été constatées en France.

time, il suffit de lire l'exposé des motifs du recueil russe publié à Saint-Pétersbourg en 1876.

II. — Codification des lois et des règlements administratifs en général, et particulièrement d'un Code administratif de la marine en France.

Cette idée de codification, dont se préoccupe actuellement l'administration maritime russe, a fait l'objet, en France, à diverses époques, de remarques importantes qu'il ne sera peut-être pas inutile de rappeler.

Entrons donc, à ce sujet, dans quelques considérations.

On se plaint, depuis longtemps, dans la marine[1], de l'innombrable quantité de lois, ordonnances, décrets, règlements, qui, depuis deux cents ans, régissent cette importante partie du service public, et tout le monde fait des vœux pour voir ramener à l'unité, par ordre de matières, une législation quelquefois confuse et parfois même indéchiffrable, non-seulement pour les personnes étrangères à la marine (ce qui, à la rigueur, importerait peu à certain point de vue), mais pour les marins eux-mêmes, ce qui fait alors de la question, ainsi posée et envisagée, un sujet intéressant pour le bien du service.

En 1828, M. Odilon Barrot[2], rendant compte au ministre de la marine de l'issue heureuse du procès Offret, s'exprimait ainsi, dans une lettre restée célèbre et répandue à l'époque dans le public :

Monseigneur,

. . . .

. . . .

Peut-être serait-il à désirer que quelque ordre fût porté dans ce chaos[3] de lois contradictoires que j'ai eu à explorer dans cette cause, et qu'il m'a été

[1] Voir Blanchard et Bajot.

[2] Voir Beaussant.

[3] En lisant le *Cours d'administration* de M. Pierre Fournier, commissaire de la marine, professeur des élèves-commissaires à Brest (Berger-Levrault, éditeurs. Paris, 1879), on se convaincra que la législation de la marine n'est pas, autant que le disait M. Odilon Barrot, un chaos de lois contradictoires ne se rattachant à aucune idée générale et d'ensemble. Le résumé des conférences de M. Fournier démontre, au contraire, que cette législation s'appuie souvent sur les mêmes motifs que les lois générales et qu'elle ne s'écarte des règles communes que pour des motifs parfaitement déterminés, justifiant ainsi les lois spéciales et les règlements d'adaptation reconnus nécessaires pour régir exceptionnellement le personnel maritime auquel ces lois et ces règlements sont destinés. (Note extraite du *Bulletin officiel de la marine*, édition refondue, tome II, pages 579 et 580. Nota-renvoi n° 1.)

impossible, malgré tous mes soins, de rattacher à quelque idée générale et d'ensemble.

Un code de la marine, qui réglerait les droits et les devoirs des marins, d'abord dans leurs quartiers, puis dans les arsenaux, et enfin sur les vaisseaux de commerce et de la marine royale, serait un grand bienfait pour la marine et pour le commerce.

Tous les matériaux de ce grand travail existent épars dans les anciens règlements et les lois nouvelles; il suffirait de les réunir et de les coordonner.

Le travail de coordination dont voulait parler Odilon Barrot a été entrepris depuis, en partie, sur un point spécial, par le Règlement général du 7 novembre 1866 (n° 5,214 de la nomenclature des documents de la marine).

En 1843, M. Blanchard, travaillant à son répertoire qui, pour le dire en passant, est devenu bien insuffisant aujourd'hui, se demandait jusqu'à quel point de tels vœux sont réalisables.

En France, du reste, l'on s'est toujours demandé pourquoi il n'existe pas un code administratif, non-seulement maritime, mais général, comme il existe un code civil, un code de commerce, un code pénal.

La réponse a toujours été la même [1]. Ces codes règlent des intérêts privés, variables d'un individu à l'autre, mais classés naturellement sous un certain nombre de principes bien déterminés [2]. Le droit administratif, régi également par des principes assez fixes, varie au contraire ou peut varier souvent, dans l'application, avec les circonstances politiques et sociales.

Des besoins nouveaux surgissent ; des faits politiques, économiques et sociaux, imprévus, peuvent se présenter et provoquer de nouvelles mesures, de nouvelles dispositions législatives.

Un code administratif renfermant seulement les principes serait une œuvre incomplète ; et si l'on voulait y faire entrer tous les détails pour les fixer, on arrêterait tout progrès.

D'un autre côté, la législation administrative est appelée à régler des matières si nombreuses et si différentes les unes des autres, qu'il paraît difficile et peut-être illogique de les réunir en un seul corps de doctrine. Le droit privé n'est-il pas divisé en plusieurs codes? Or, rien

---

[1] Le code est un résumé de la loi dans ce qu'elle a de plus général, dans ses principes les moins susceptibles de varier. Le droit administratif, résultant des règlements d'administration publique, varie au contraire sans cesse, comme l'action, selon les nécessités du jour. Il est, par cela même, bien difficile d'en faire un résumé fixe.

[2] Voir Maurice Block.

n'empêche de considérer, comme autant de codes, les lois organiques, les grandes ordonnances et les décrets fondamentaux qui régissent les principales parties de l'administration. M. A. Blanche a donné la raison dominante de ces difficultés de codification en parlant de la législation actuellement en vigueur sur la comptabilité publique[1].

L'absence d'un code administratif peut encore s'expliquer par la nécessité réelle ou présumée de conférer à l'administration un certain pouvoir discrétionnaire, afin qu'elle puisse tenir compte des circonstances de fait, de lieu, de temps, de personne, d'opportunité même qui

---

[1] L'ordonnance du 31 mai 1838, en effet, remplacée depuis par le décret du 31 mai 1862 actuellement en revision (décret du 31 janvier 1878, *Bulletin des lois*, page 239, et décret du 18 novembre 1879, *J. O.* du 29) n'a-t-elle pas coordonné pour toutes les parties du service public, avec le soin le plus scrupuleux et dans les conditions de la plus complète garantie, les principes, les procédés et les formes à suivre, en matière de *comptabilité publique*? Elle a rempli les lacunes que présentait encore une organisation graduellement perfectionnée par des décisions isolées et successives; elle a formé les liens qui devaient unir les éléments dispersés d'une matière spéciale; elle a, comme l'a excellemment proclamé la Cour des comptes, « constitué pour la première fois le plus bel ensemble de garanties qui ait jamais « protégé la fortune de l'Etat, affermi la sécurité des pouvoirs et mérité la confiance des « peuples. Ce code a été le complément de ceux qui ont fixé nos droits civils et politiques; « il a rassemblé comme en un faisceau tous les moyens d'examen et d'appréciation qui « avaient été dès longtemps préparés par la sagesse des gouvernements pour fortifier l'ac- « tion du pays sur l'exécution des lois, pour éclairer son jugement sur tous les mandataires « de l'autorité souveraine et pour maintenir constamment les ordonnateurs et les comptables « dans les voies de l'ordre et de l'économie. »

On reproche à l'ordonnance de 1838 — vraie querelle d'école — d'enregistrer à la fois, sous la qualité commune de dispositions du règlement général, des textes empruntés aux lois et des extraits de simples ordonnances. C'est accroître, dit-on, la valeur des uns; mais c'est surtout porter atteinte aux autres. La difficulté n'est pas bien sérieuse : si des prescriptions, résultant de simples ordonnances, ont reçu, de leur insertion dans l'ordonnance de 1838, l'autorité qui s'attache aux dispositions contenues dans les règlements d'administration publique, les auteurs de l'ordonnance avaient compétence pour décréter cette sorte de promotion, mais il n'aurait pu leur appartenir de diminuer l'œuvre de la loi, et ils n'y ont pas songé. Chacun de leurs extraits porte la marque de son origine; et le moyen d'ailleurs de procéder autrement toutes les fois que l'on voudra faire un ensemble de dispositions éparses et de sources diverses applicables à telle ou telle matière administrative?

Ce n'est pas là qu'est, à vrai dire, le danger des codifications administratives; mais il en est un auquel elles ne peuvent échapper, parce qu'il est inhérent à la nature même de leurs éléments. A la différence de la législation civile, dont la fixité est et doit être un des principaux caractères, la législation administrative doit au contraire se prêter avec une grande souplesse aux mouvements multiples de l'activité sociale, politique, commerciale, industrielle, maritime, etc., etc., aux transformations que le progrès ou seulement la succession des temps amènent avec eux. Il est ainsi bien difficile de codifier une législation essentiellement mobile ou variable. On ne le peut faire au moins que quand les principes d'une matière ont été bien déterminés; quand elle repose sur une assiette solide; quand la procédure, fruit de l'expérience, en est clairement tracée; quand elle a été aperçue, étudiée, reconnue sous ses divers aspects et qu'il y a été pourvu d'une manière précise. On est sûr alors de son terrain. Des modifications pourront venir plus tard, mais qui ne changeront rien aux bases, ni au plan de l'édifice, et il datera toujours de sa première fondation. Ainsi en est-il du premier règlement général du 31 mai 1838. Venu à son heure, il reste toujours le premier code de notre comptabilité publique, et sa date se lit encore sous celle du règlement général du 31 mai 1862, décrété, comme il le dit lui-même, pour apporter à l'ordonnance du 31 mai 1838 les changements résultant des dispositions survenues depuis sa promulgation, et mettre les règles de la comptabilité des finances en harmonie avec l'organisation nouvelle des pouvoirs publics.

sont variables comme la compétence proprement dite (*ratione loci, ratione materiæ, ratione personæ*).

N'a-t-on pas dit : administrer c'est transiger? Or, comment transiger quand une règle fixe, un principe immuable consacré par un article de loi, par un code, liera les mains de l'administration et l'enchaînera à la règle?

Et si cette loi est reconnue défectueuse ou surannée, et qu'elle ait été préparée avec le concours de tous les grands pouvoirs publics du pays, l'intervention de tous ces pouvoirs sera encore nécessaire pour obtenir le changement désiré et essentiel. Que de temps perdu en résultera!

A tous ces points de vue, la marine n'a aucun intérêt à codifier sa législation; mais elle a tout à gagner, disent les uns, en restant sous le régime des décrets plutôt que de passer sous celui des lois, ainsi que vient d'y passer la guerre, depuis 1872. Il est même à désirer, ajoute-t-on, que la marine conserve cette situation spéciale aussi longtemps que possible, car étant donnée son organisation particulière, cette situation est bien préférable à celle de la guerre. Elle permet de conserver plus d'élasticité dans nos mouvements sur le pied de paix et de préparer d'avance le pied de guerre, sans bruit, en perspective d'éventualités qui peuvent se réaliser à l'improviste dans notre département plus qu'ailleurs.

A cette opinion, on répond : « qu'il appartient aux représentants du pays d'*organiser* par la loi (et par la loi seulement) le service de la marine, de préserver de toute atteinte une des forces de l'État, la protection de son commerce et l'honneur de ses armes; de déterminer l'étendue des forces que la France doit garder sur mer, et en déduire, comme conséquence, le personnel nécessaire à l'entretien de cette force, de fixer les attributions et les effectifs des divers corps de la marine; de déterminer le nombre et la destination des établissements à terre; donner à ces résolutions mûrement prises la sanction d'une autorité sans appel : tel serait le véritable moyen de doter la marine d'une organisation nationale et solide.

« Non-seulement la loi a, pour détruire les abus et empêcher leur retour, une force collective qui manque aux individus, mais surtout les réformes qui sortiront d'elle, supprimant tout espoir de changement prochain, elle éteindra cette agitation permanente qu'entretient parmi les hommes l'incertitude de leur avenir, et elle donnera aux personnes comme aux institutions la sécurité sans laquelle il n'y a ni suite dans les desseins, ni constance dans la grandeur, etc., etc.[1] »

Nous ne discuterons point ici une question de cette importance, mais, pour revenir à notre sujet, disons que ce qu'il faut à la marine, à notre avis, ce n'est pas un code de sa législation générale et spéciale, œuvre d'une exécution irréalisable et peu pratique, mais une *revision permanente de ses recueils périodiques, législatifs et réglementaires.*

III. — De la revision permanente des recueils législatifs et réglementaires de la marine en France.

On aura, dans quelque temps, accompli une première refonte générale des recueils périodiques de la marine — ce n'est plus désormais qu'une question de délai — ; mais ajoutons que si l'on pensait en avoir fini avec cette question, lorsque ce premier gros travail sera achevé, on pourrait se tromper et s'exposer plus tard à des mécomptes.

En effet, si l'on ne continue pas d'une manière permanente la revision et la mise au courant des publications administratives officielles, on verra se reproduire dans un certain temps les difficultés qu'on vient d'éprouver et dont on ne sera sorti qu'avec peine ; et comme il faudra, de toute nécessité, songer plus tard, pour ses contemporains ou pour ses successeurs, à rééditer de nouveau le *Bulletin officiel*, après l'avoir revisé une seconde fois, la tâche sera toujours lourde et ardue, exigera de longs délais et de grands sacrifices : toutes choses qui peuvent être facilement évitées dans l'avenir par une revision permanente.

Cette revision trouverait son complément logique dans un Répertoire méthodique et raisonné des matières contenues dans ces diverses publications, ou pour mieux dire, un recueil administratif général, alphabétique et systématique, résumant avec méthode toutes les questions qui intéressent la marine dans son ensemble et spécialement l'administration prise ici dans son sens le plus étendu, un recueil, enfin, qui serait pour la marine, et toutes proportions gardées, ce que les ouvrages spéciaux de certains auteurs, des Maurice Block, A. Blanche, etc., ou les répertoires alphabétiques et périodiques des Dalloz et autres, sont pour différents services publics ou diverses branches du droit, ce mot entendu dans son acception la plus large[2].

[1] Extrait du rapport fait à la Chambre des députés, au nom de la commission du budget, sur le budget des dépenses de la marine, de l'exercice 1879, pages 59 et 60.

[2] Voir la préface de l'édition refondue du *Bulletin officiel*, pages x et xi.

Lors donc qu'on aura un instrument de travail suffisant entre les mains, s'il est apprécié par ceux qui auront à s'en servir, il faudra l'entretenir et le perfectionner, sinon il ne tardera pas à perdre en partie sa valeur, par suite même des changements que le temps apportera dans mille parties différentes de notre législation spéciale.

Il ne faut pas, d'ailleurs, hésiter à le dire, l'archiviste administratif est non moins utile dans la marine que l'archiviste nautique[1].

Corriger les cartes et documents nautiques est une chose indispensable pour la sécurité de la navigation ; corriger et annoter les règlements maritimes, à mesure que des modifications surviennent, avoir toujours un ou plusieurs exemplaires types de chaque acte en vigueur, soigneusement émargés des corrections et changements survenus jusqu'à ce que la réimpression en soit devenue nécessaire, est une chose d'une utilité non moins évidente.

Il arrive, en effet, aujourd'hui, que les exemplaires délivrés à la flotte et à d'autres services ne sont tenus à jour par personne et ne peuvent être rapprochés d'aucun exemplaire étalon annoté. Ceux qui sont chargés du service administratif dans les ports, à la mer ou aux colonies[2], possèdent donc des documents qui ne représentent plus que d'une façon imparfaite, et souvent inexacte ou incomplète, l'état vrai de la législation et de la réglementation maritimes. Encore ne s'agit-il en ce moment que des documents tirés à part ! Que dire alors des actes insérés seulement dans les recueils périodiques, et qui sont les plus nombreux, sinon les plus importants.

Des changements considérables sont parfois apportés aux textes primitifs par des dispositions postérieures qui viennent ainsi s'ajouter indéfiniment aux actes organiques : les importants décrets des 5 juin et 11 août 1856, concernant les équipages de la flotte, en sont, en ce moment, une preuve évidente; or, ces dispositions nouvelles, publiées par la voie du *Bulletin officiel*, et disséminées dans les recueils, à leurs dates respectives, ne sont nulle part groupées, avec ordre et méthode,

---

[1] On ne saurait mieux faire ici que de placer cette idée sous le patronage de M. Leroy, commissaire de la marine en retraite, qui a dû, le premier, se charger de la refonte du *Bulletin officiel* et qui a laissé sur l'exécution de ce travail d'excellentes notes où il avait tracé, avec autorité et compétence, la ligne de conduite qui a été suivie en partie.

[2] Et nous entendons parler ici, non-seulement des commissaires et administrateurs, mais aussi des officiers de vaisseau, des capitaines comptables, des officiers de troupe et des chefs supérieurs exerçant le haut commandement et dirigeant, par conséquent, l'administration générale en France et à l'extérieur.

et sont même fréquemment notifiées par de simples circulaires manuscrites [1].

Les erreurs deviennent donc inévitables dans ces conditions, les recherches longues et pénibles ; et le meilleur moyen d'y remédier serait de recueillir, de synthétiser, de grouper tous les commentaires officiels, les modifications, les interprétations des textes primitifs et d'être en mesure de les porter, périodiquement ou éventuellement, à la connaissance des intéressés.

Indépendamment des publications périodiques de nos actes législatifs et administratifs, les recueils officiels spéciaux à certaines branches de service, s'ils ne sont pas tenus à jour et soigneusement annotés d'une édition à l'autre, deviennent promptement inexacts, incomplets, et par suite insuffisants pour répondre aux besoins du service en vue duquel ils ont été préparés.

Dès lors, et pour en revenir à notre comparaison, si de bonnes cartes bien corrigées préviennent les accidents de la navigation, de bons règlements bien annotés et constamment tenus à jour des changements survenus, en prévenant les erreurs et les irrégularités dans le service administratif, garantiront les intérêts du Trésor et du personnel, en général; les bons documents, enfin, permettront, non-seulement de faire de la bonne administration en tout état de cause, selon les ordres

---

[1] La table générale de l'édition refondue, tout en reproduisant le sommaire des actes, sous un ou plusieurs titres convenus, selon les matières principales traitées dans chaque document, ne pourra cependant pas disséquer, décomposer et analyser, alphabétiquement et en détail, chacun des objets du contexte, lorsque les actes en question auront une certaine longueur.

Les règlements organiques et fondamentaux, tels que les décrets sur le service à la mer, les ordonnances sur le service administratif des ports, arsenaux et autres établissements, les grandes ordonnances coloniales, pierres angulaires, clefs de voûte en quelque sorte de l'édifice législatif de la marine (bâtiments, arsenaux, colonies), sans parler des lois, ordonnances, décrets et règlements sur le personnel, le matériel, la justice, la comptabilité, etc., sont des documents très-complets et assez longs.

Il n'aurait donc pas été possible, étant donné le plan des tables actuelles, de citer et analyser ces actes ailleurs qu'à leurs dates respectives, sous un ou plusieurs titres principaux, et sous certains titres de renvoi, sans en répéter les sommaires autant de fois qu'il se rencontre de matières différentes traitées dans chaque contexte.

Afin d'obvier aux inconvénients de ces répétitions multiples qui seraient venues surcharger, outre mesure et sans profit pour personne, la table générale de l'édition nouvelle, on a préféré ne citer les dates et les sommaires en question que sous ceux des principaux titres auxquels ils se rattachent le plus directement; mais, dans le but de rendre, autant que possible, les recherches faciles, on a eu soin de doter particulièrement quelques-uns de ces grands actes, d'une table alphabétique spéciale.

De cette façon, lorsque le chercheur n'aura pas déjà une connaissance complète de l'acte, et qu'il n'aura pas le temps de le lire dans son entier, s'il n'a d'ailleurs besoin de le consulter que pour y prendre une indication propre à un seul objet, la table alphabétique spéciale dont cet acte est doté le renseignera immédiatement en le renvoyant à l'article dont il a besoin.

venus du centre, mais encore ils assureront la gestion régulière, la réalisation des économies, etc., et ceux qui seront chargés de ce soin ne pourront pas prétexter d'ignorance lorsqu'ils seront rappelés à l'application des règles en vigueur. Le chiffre important des dépenses de la marine attire toute l'attention du pouvoir central qui a le droit d'exiger l'ordre, la régularité, l'unité et l'uniformité, sources principales des économies sérieuses.

Les répertoires personnels que quelques administrateurs préparent pour leur propre usage, ne sauraient dispenser des recommandations qui précèdent, car ce ne sont point les commodités individuelles du service qu'on a en vue en ce moment, mais bien les intérêts généraux de la marine, les seuls qu'il s'agisse de sauvegarder d'abord.

D'autre part, les études administratives deviennent chaque jour de plus en plus importantes; il faut donc, par tous les moyens, donner, à ceux qui veulent travailler, la possibilité d'acquérir des connaissances, et l'un des systèmes à employer est de fournir des documents exacts, précis, complets et soigneusement annotés.

La spécialisation du service maritime par branches déterminées, nécessaire dans la pratique, rend la généralisation des études difficile parfois pour les chefs eux-mêmes qui ont besoin, pourtant, d'avoir des vues d'ensemble; que dire alors des élèves, des employés, des jeunes officiers qui débutent?

Ces quelques réflexions nous conduiraient trop loin s'il fallait leur donner tous les développements qu'elles comportent; nous bornerons donc là nos remarques.

Il faut rappeler pourtant, comme le disait Bajot, que les travaux ingrats de la compilation et de l'analyse, surtout en matière de législation et de jurisprudence administrative, n'ont pas toujours été appréciés à leur juste valeur. Qui pourrait nier, cependant, et leur utilité et leur difficulté? Pour en être convaincu, il ne faut pas seulement se trouver dans le cas de profiter de leurs résultats, il faut se livrer soi-même à ces travaux. Que de recherches, que d'incertitudes, que d'embarras ils épargnent à ceux qui en usent! mais que de persévérance de la part de ceux qui les exécutent!

Si, comme on l'a dit, la mémoire est la moitié du talent, s'il est vrai qu'elle aide chaque jour à étendre le champ de nos connaissances, qu'elle exerce nos autres facultés et qu'elle supplée en partie ce qui nous manque par ailleurs, ne peut-on pas dire aussi qu'un bon répertoire est la moitié du travail quand il s'agit de traiter de grandes questions administratives ou autres?

Là se trouvent rassemblés, groupés, rapprochés avec discernement, et avec cette connaissance des choses que peut seule donner la pratique des affaires, des éléments épars en cent endroits divers. Disons-le hautement : des erreurs se commettent parfois dans les bureaux, dans les conseils, à la tribune même, faute de *mémoire*, ou si l'on veut, faute de bons répertoires qui ne sont autre chose que de la *mémoire emmagasinée*, des aide-mémoire.

C'est pour avoir ignoré ou oublié ce qui existait déjà que l'on voit quelquefois des décisions, des règlements, des ordonnances, des décrets, des lois même, offrir, soit des lacunes, soit des contradictions que des actes subséquents et tardifs viennent révéler et dont il faut faire ensuite l'aveu lorsqu'on arrive à l'application de ces actes.

Au moyen d'un bon répertoire, des points de vue nouveaux se découvrent, des rapprochements éclairent inopinément, et le passé vient souvent en aide au présent et prépare l'avenir. On évite ainsi de faire du *vieux neuf* pour employer une expression familière, ou quand on en fait, ce n'est plus au hasard, inconsciemment, mais après s'être aidé des anciens textes et les avoir appropriés à des besoins nouveaux.

Un travail de ce genre serait donc vraiment utile à entreprendre dans la marine, et il serait d'autant plus nécessaire d'encourager la coordination de nos règlements que, à l'exception de quelques hommes spéciaux mieux doués que d'autres sous ce rapport, on se perd réellement au milieu de ce dédale de lois, d'ordonnances, de décrets, arrêtés, décisions, circulaires, etc., dont nous sommes inondés depuis tantôt un siècle, déluge toujours croissant et qui nous menace d'une mer sans rivage : *deerunt littora ponto.*

Pendant ce siècle, pour l'inscription maritime seulement, il a été rendu plus de lois, d'ordonnances, de décrets et de décisions que pour tous les autres services de la marine. A ceux qui s'en étonnent, on peut répondre que des besoins nouveaux sont nés des progrès du temps et de la marche de la civilisation; que de grands perfectionnements ont été introduits dans les rouages administratifs ; que la transformation incessante du matériel de navigation et de combat amène chaque jour des règles nouvelles.

Aussi la nécessité de reviser périodiquement, de répertorier et analyser les textes, est-elle ressentie plus fortement de nos jours qu'autrefois.

Indépendamment de son évidente utilité pour ceux qui doivent obéir et pour ceux qui doivent commander, un travail de ce genre aurait l'avantage de guider ceux à qui est confié l'exercice du pouvoir et de la haute administration. En leur indiquant ce qui existe, il les mettrait à même de connaître ce qui reste à faire; en leur montrant le véritable état des choses avec ses lacunes et ses imperfections, il les mettrait mieux à portée de voir ce qui est à compléter et à rectifier. Les droits et les devoirs de chacun seraient de la sorte mieux connus; administrateurs et administrés ne seraient ni dans l'embarras, ni dans l'incertitude: tout se réunit donc pour démontrer l'utilité évidente, la nécessité impérieuse d'une revision permanente des recueils législatifs et réglementaires de la marine en France.

IV. — De la refonte des lois en général. — Des tentatives infructueuses faites dans ce but à trois époques différentes : pendant la Révolution, pendant la Restauration et de nos jours. — Examen historique de la question. — Unité de législation en France. — État actuel. — Compte rendu de ces travaux.

La remarque faite de 1824 à 1831 par la commission chargée de reviser les lois françaises en général, subsiste encore aujourd'hui. Jamais aucun pays, disait-elle dans son rapport au roi, n'accumula plus de lois dans un espace de temps plus borné. Nos trois premières Assemblées en firent seules au delà de 20,000; l'Assemblée constituante 2,428; l'Assemblée législative 2,190; la Convention 15,414. On peut, sans exagérer, porter au double la quantité des lois, arrêtés, décrets et ordonnances du Directoire, du Consulat, de l'Empire et de la Restauration, etc., etc. Or, il ne s'agit ici que des actes de l'autorité souveraine; ceux de l'autorité ministérielle, qui forment la jurisprudence administrative, sont bien autrement nombreux.

Les classificateurs russes peuvent donc se consoler aisément des embarras qu'ils éprouvent, car les remarques consignées dans l'exposé du recueil des matériaux et dont il a été parlé au début de cette étude, d'autres les avaient faites avant eux et depuis longtemps, s'étant trouvés en présence des mêmes difficultés et de difficultés d'un ordre quelquefois plus élevé encore.

Quand on pense que des hommes aussi remarquables[1] que les membres de la commission française de revision instituée par l'ordonnance du 20 août 1824[2] n'ont rien produit qui ait survécu, on peut aisément prendre son parti de n'accomplir qu'une œuvre imparfaite, si elle doit malgré tout être utile.

La commission de 1824 était chargée de colliger et vérifier les arrêtés, décrets et autres décisions réglementaires rendus antérieurement au rétablissement de l'autorité royale en France, de préparer successivement, et par ordre de matières, des projets d'ordonnances portant abrogation explicite et définitive de celles de ces décisions qu'elle jugerait ne pas devoir être maintenues; de préparer également, et dans le même ordre, des projets d'ordonnances destinées à remplacer celles dont les dispositions auraient été reconnues utiles et qui devraient être conservées.

A ne consulter que la lettre de l'ordonnance du 20 août précitée, il semblait que la commission dût s'occuper exclusivement de la réunion et de la revision des actes qui, sous des noms et dans des formes diverses, avaient eu pour objet d'assurer l'exécution des lois par des dispositions réglementaires, ou de statuer sur des matières que la législation et les différentes constitutions de l'État avaient placées dans les attributions de la puissance exécutive et de l'administration générale.

La commission essaya de se renfermer dans ce cercle; elle ne tarda pas à reconnaître, non-seulement la difficulté, (car s'il n'y avait eu que de la difficulté, le zèle et la patience pouvaient la vaincre), mais l'impossibilité d'obtenir aucun résultat satisfaisant, si elle ne faisait pas porter son travail sur la totalité des actes dont se composent les recueils officiels depuis le mois d'août 1789 jusqu'au 1er avril 1814.

Lorsqu'un acte du Gouvernement indiquait que son objet était d'assurer l'exécution d'une loi, il fallait, pour connaître s'il devait être

---

[1] La commission était composée, aux termes de l'article 4 de l'ordonnance du 20 août 1824, de MM. le marquis de Pastoret, le comte de Portalis, le marquis d'Herbouville, de Martignac, baron Dudon, Pardessus, Bonnet, baron Cuvier, chevalier Allent, Amy, de Cassini de Vatisménil, baron Dunoyer. — M. Cassini n'ayant pas accepté, fut remplacé par M. Bellart; MM. Bellart et d'Herbouville étant décédés, MM. Portalis, de Martignac et de Vatisménil ayant été appelés au ministère, ils ont été remplacés par MM. Jacquinot-Pampelune, marquis de Malleville, comte Siméon, Bourdeau et Laplagne-Barris. M. Bourdeau appelé peu après au ministère n'a pas été remplacé. Enfin MM. Ferrez, vicomte Portalis, depuis premier président de la cour de Cassation, Sauvaire, Barthélemy et baron Siméon ont été adjoints à la commission en 1828.

[2] *Bulletin des lois*, 7e série, tome XIX, page 141, et *Annales maritimes* de 1824 (partie officielle), page 467.

maintenu, s'assurer avant tout que la loi à laquelle il se référait, soit expressément, soit, et c'est le cas le plus commun, d'une manière implicite, n'avait été ni modifiée, ni abrogée par une loi postérieure. Lorsque cet acte du Gouvernement annonçait des mesures d'administration publique, il fallait encore s'assurer qu'il n'avait rien de contraire aux lois qui, dans la mesure des droits de la puissance législative, auraient pu statuer sur quelques matières analogues.

Ce n'est pas tout : s'il est vrai que, même dans les gouvernements les plus réguliers, lorsque la Constitution de l'État a tracé avec le plus d'exactitude les limites entre les différents pouvoirs, et fourni assez d'éléments pour distinguer ce qui est du domaine de la puissance législative de ce qui appartient au Gouvernement, il se présente souvent des doutes sérieux, des matières à l'occasion desquelles les hommes de la meilleure foi et les plus scrupuleux observateurs de la distinction des pouvoirs se trouvent embarrassés, on comprend aisément combien de confusion a dû s'introduire dans la dénomination et le caractère des actes de la puissance publique, sous les gouvernements qui se sont succédé en France depuis 1789 jusqu'en 1814.

L'Assemblée constituante, par des motifs que les circonstances et la politique peuvent expliquer, administra réellement le royaume, bien qu'elle ait, la première, nettement posé le principe de la division et de la séparation des pouvoirs : tous ses actes, soumis à la sanction ou à l'acceptation royale, portèrent le nom de lois. Il suffit cependant de jeter les yeux sur les tables de ces lois pour reconnaître combien de mesures administratives, et souvent même du plus modique intérêt local, ont été prises sous ce titre qui, maintenant, n'est réservé qu'aux actes concernant l'ensemble de la société, délibérés par les deux Chambres et revêtus de la sanction ou de la promulgation du pouvoir exécutif.

Certes, l'Assemblée nationale faisait une loi lorsqu'elle appelait tous les Français à former une garde nationale, qu'elle en réglait l'organisation fondamentale et la discipline. Mais lorsqu'elle décrétait de quelle forme et de quelle matière seraient les boutons des habits des gardes nationales (Lois des 11 septembre 1790 et 5 janvier 1791), elle ne faisait qu'un règlement dont on ne contesterait point aujourd'hui le droit au Chef de l'État et même au ministre compétent.

L'Assemblée constituante faisait une loi lorsqu'elle déterminait les bases de la constitution de l'armée et les règles de l'avancement ; mais elle ne faisait qu'un règlement d'administration publique lorsqu'elle statuait sur le chauffage des troupes et des corps de garde. (Loi du 11 février 1791.)

On peut en dire autant des actes de la première législature jusqu'au 10 août 1792.

Mais à cette époque une grande révolution renversa le trône, et, du 10 août au 20 septembre, l'Assemblée législative, investie de tous les pouvoirs, fit, sous le nom générique de lois, des actes que le Gouvernement seul aurait faits dans des temps plus calmes.

La Convention remplaça la première législature; elle exerça, comme on le sait, à la fois le pouvoir législatif, exécutif, administratif et judiciaire. Cependant tous les actes portent la même dénomination, savoir: du 20 septembre 1792 au mois de février 1794, celle de décrets, et depuis, celle de lois.

A la Convention succèdent les conseils législatifs, institués par la Constitution de l'an III, qui a subsisté depuis le mois d'octobre 1795 jusqu'au mois de décembre 1799; mais, sous cette Constitution, le gouvernement étant confié à un directoire limité dans ses pouvoirs, un grand nombre de mesures qui, dans une monarchie, doivent appartenir à la haute administration, et, dans une grande République définitivement constituée, fortement centralisée, au Chef du pouvoir exécutif, donnaient lieu à des actes délibérés et publiés dans la forme et sous la qualification de lois.

La distinction entre le pouvoir législatif et le pouvoir exécutif fut mieux marquée pendant le gouvernement consulaire, qui a commencé en décembre 1799 et a fini en mai 1804. Le Corps législatif ne s'occupa plus que de matières réellement législatives; cependant, un système inverse de celui qui avait subsisté jusqu'alors s'introduisit dans la pratique, et plus d'une fois le Gouvernement prit des arrêtés, des mesures qui étaient du domaine législatif.

Cette pratique acquit plus de force et se renouvela plus fréquemment encore sous le gouvernement impérial, qui a succédé au Consulat et a fini le 1er avril 1814. Les réunions du Corps législatif furent éloignées, ses sessions courtes; les lois, si l'on en excepte les cinq Codes, peu nombreuses. Le Chef de l'État régla, par des décrets, une multitude de matières qui appartenaient à la législation : il alla jusqu'à modifier et à compléter, par des actes de son autorité, les Codes décrétés par le Corps législatif.

Deux éléments jusqu'alors inconnus dans la législation, les avis du Conseil d'État approuvés par l'Empereur et les sénatus-consultes, en complétèrent le système.

Sous la Restauration, la validité d'un certain nombre de ces actes fut même contestée devant les tribunaux. Mais on représenta que le Sénat était chargé par la Constitution de l'an VIII (art. 21) de maintenir ou d'annuler tous les actes qui lui seraient déférés comme inconstitutionnels par le Tribunat ou par le Gouvernement; qu'aucun des décrets n'avait été attaqué ni déclaré inconstitutionnel, et qu'en conséquence ces actes avaient tous force de loi. Comme on objectait que le Tribunat ayant été supprimé par un sénatus-consulte du 19 août 1807, il n'était plus resté aucun pouvoir pour déférer au Sénat les actes du Gouvernement, on fit observer que tout citoyen, aux termes de la Constitution (art. 8), avait le droit « d'adresser des pétitions individuelles à toute autorité constituée » ; que le Sénat était autorisé, par la nature même de son pouvoir conservateur, à statuer d'office sur l'inconstitutionnalité de tel ou tel décret; que la Charte de 1814 (art. 68) avait maintenu « toutes les lois existantes et non contraires à ladite Charte », et que les décrets impériaux existant alors comme lois, le juge ne pouvait refuser de les appliquer. Cette doctrine fut adoptée par la Cour de cassation et consacrée par de nombreux arrêts.

Quoi qu'il en soit, pendant les dix premières années de la Révolution, les corps qui n'auraient dû faire que des lois firent un nombre infini de règlements, et pendant les quatorze années suivantes, le pouvoir, qui n'aurait dû faire que des règlements, prit un grand nombre de dispositions législatives.

Il en est résulté que, si l'on en excepte les cinq Codes, tous les actes insérés dans les recueils officiels contiennent dans le même contexte, et quelquefois dans le même article, des mesures législatives et des mesures réglementaires ; qu'un nombre infini de ces actes, quoique qualifiés lois, sont des règlements; qu'un nombre aussi considérable d'actes, qualifiés règlements, renferment des dispositions législatives.

On voit par cet exposé, dont la vérité est incontestable, qu'un tel état de choses ne permettait pas à la commission de se renfermer strictement dans le cercle que semblait lui tracer l'ordonnance du 20 août 1824.

Si, par un respect puéril pour le mot *loi* qui décorait une multitude de dispositions réglementaires et d'administration, elle se décidait à ne rien proposer au Gouvernement qui fût relatif à ces dispositions; si, en s'attachant judaïquement au mot *décret*, elle lui proposait de reviser et de modifier, par ordonnances, les dispositions législatives qu'il contenait, elle eût, dans l'une comme dans l'autre hypothèse, manqué à son devoir.

Après des conférences et des discussions approfondies, elle s'est convaincue qu'il lui était impossible de remplir sa mission si son travail ne portait pas sur la totalité de ce qui était contenu dans les recueils des lois et actes du Gouvernement promulgués depuis 1789 jusqu'en avril 1814.

En prenant ce parti, elle a cru d'ailleurs qu'elle répondait à un vœu généralement exprimé, qu'elle satisfaisait à un besoin universellement senti.

Une entreprise semblable à celle dont la commission a été chargée fut tentée deux fois dans le cours des 25 années qui se sont écoulées depuis 1789 jusqu'en 1814.

Dès le 27 germinal an II, un décret de la Convention ordonna que les lois seraient rédigées en un Code succinct et complet, et nomma douze de ses membres pour y procéder.

Le 11 prairial suivant, elle approuva le plan que lui soumit cette commission, et ordonna que le travail fût divisé en douze Codes, nombre égal à celui des commissions exécutives qui, sous son autorité, exerçaient la haute administration, confiée maintenant aux ministres.

Au mois de brumaire an IV, le Conseil des Cinq-Cents, qui, d'après la Constitution de ce temps, avait l'initiative des lois, forma une commission de classement chargée probablement d'exécuter ou de continuer les travaux ordonnés en l'an II.

La commission de 1824 n'a point connu ces travaux, et quand il en fût resté quelque chose, elle n'aurait pu y trouver qu'un faible secours.

. . . .

Ce qui excite justement les plaintes des citoyens, ce qui cause l'embarras et l'incertitude des fonctionnaires à qui l'exécution ou l'application des lois est confiée, c'est la difficulté de les connaître; administrateurs et administrés, juges et justiciables, chacun désire savoir l'étendue exacte de ses droits et de ses devoirs; et ces plaintes, ces embarras, cette incertitude subsisteront tant que toutes les dispositions sur la même matière, à quelque époque qu'elles aient été promulguées, ne seront pas réunies dans un même corps et rangées dans un ordre méthodique. Les auteurs estimables des collections et des répertoires ont rendu des services à la jurisprudence, mais ces recueils ne sont en quelque sorte que l'esquisse d'une œuvre impérieusement réclamée par les fonctionnaires et les citoyens.

. . . .

C'est encore ici le lieu de rendre compte d'une difficulté qui a longtemps occupé et embarrassé la commission, et d'expliquer les motifs du parti qu'elle a pris, ne fût-ce que pour éviter le reproche d'avoir fait de graves omissions. Il existe dans les recueils officiels un grand nombre de lois et d'actes du Gouvernement qui ne commandent plus au temps à venir, parce qu'ils ont été remplacés par d'autres, mais qui cependant conservent leur force, en ce sens qu'ils peuvent encore être invoqués et qu'ils doivent servir à régler et à juger les intérêts et les droits acquis sous leur empire [1].

La commission, après avoir exposé dans son rapport au roi divers détails sur la manière dont elle a cru devoir opérer, malgré toutes les difficultés, parvint à fournir l'état de ses travaux par nature de services publics et par ministère. Celui de la marine y était compris seulement pour sa législation pénale.

Maintenant on se demande à quoi ont abouti tant et de si longs efforts? Le travail, provisoirement arrêté et tiré à un très-petit nombre d'exemplaires [2] qui ont disparu de la circulation, est resté sans résultat, sans sanction, et laisse subsister dans toute leur étendue et dans toute

---

[1] Les *Annales maritimes* offrent plus d'un exemple du rappel et de l'application d'anciens actes appartenant au XVIe, au XVIIe et au XVIIIe siècle, qui sont invoqués, non-seulement dans l'intérêt du passé, mais encore dans un intérêt d'actualité et d'avenir. Ainsi on voit, page 1231 de la partie officielle des *Annales maritimes*, année 1843, le tribunal de 1re instance de Narbonne, dans un jugement confirmé par la cour d'appel de Montpellier, appliquer des actes de 1566, de janvier 1621, de mars 1677, d'octobre 1688, en matière de droit de pêche sur des étangs salés. On voit, page 1153, la cour d'Aix appliquer un réglement du 23 janvier 1727 sur la police de la navigation du petit cabotage. A une autre époque, on voit, toujours dans la même année et le même recueil, page 471, la Cour de cassation, conformément à une loi exhumée par les répertoires, que n'avait probablement pas consultés le procureur général de cette cour, homme d'un si grand savoir, on la voit, disons-nous, contrairement aux conclusions de M. Dupin, déclarer abrogé dans l'armée navale le décret du 16 nivôse an II et l'autorité alors subsistante de la loi du 22 août 1790, comme *Code pénal de la marine*, ainsi que l'avait prononcé formellement la loi du 2 novembre suivant qu'on avait perdue de vue. Bien que cette législation ait été rajeunie depuis par des actes postérieurs, ces détails n'en sont pas moins intéressants; ils prouvent que les recherches, même par les hommes les plus érudits, sont souvent laborieuses, quelquefois infructueuses ou incomplètes, et que personne ne saurait se passer de l'instrument de travail reconnu indispensable, du répertoire en un mot.

[2] D'après une lettre écrite le 21 avril 1833 par M. Barthe, alors garde des sceaux et ministre de la justice, au ministre de la marine, le nombre de ces exemplaires était de 25.

leur force les observations que cette commission, composée d'hommes éclairés, a faites sur l'état de confusion, d'incohérence et de pêle-mêle de nos lois, règlements, etc.

Concluons donc qu'au milieu de ce dédale on doit s'estimer heureux de retrouver encore quelques fils conducteurs dans les répertoires.

Si maintenant, nous examinons ce qui se passe de nos jours, nous trouvons la même préoccupation de classer méthodiquement et d'unifier les lois et les règlements.

Dans une notice bibliographique récente, M. Alfred Julia s'exprimait ainsi : « Certains instruments de travail sont indispensables. Il n'est pas une personne qui étudie les lois, soit pour les appliquer, soit pour en réclamer la modification, qui ne sente l'absolue nécessité de posséder sur son bureau un recueil des textes nécessaires, réunis d'après une classification intelligente qui permette les recherches avec autant de promptitude que de sûreté. »

C'est pour répondre à ce besoin que trois jurisconsultes éminents, MM. Rivière, Faustin Hélie et Paul Pont viennent de publier les Codes français [1], suivis des lois, ordonnances et décrets d'une application usuelle et d'un intérêt général. Sans encombrer leur compilation de notes inutiles, ils se sont bornés à reproduire les textes corrects, purs, choisis avec discernement et conformes au dernier état de la législation.

L'ouvrage est divisé en deux parties bien distinctes. La première est composée des lois constitutionnelles de la République, des Codes civil, de procédure civile, de commerce, d'instruction criminelle, pénal et forestier, suivis des lois de la presse qui forment l'appendice du Code pénal. Il va sans dire que le tarif des frais en matière civile est placé après le Code de procédure civile et le tarif des frais en matière criminelle, correctionnelle et de simple police, après le Code d'instruction criminelle. On y trouve, sous chaque article, s'il y a lieu, le sommaire des arrêts de principe ou de doctrine de la Cour de cassation qui l'expliquent ou le complètent en ce qu'ils paraissent résoudre les difficultés qui reviennent le plus souvent devant les tribunaux. A la suite, figurent

---

[1] *Les Codes français et les Lois usuelles, annotés des arrêts de la Cour de cassation et des circulaires ministérielles*, par MM. Rivière, conseiller à la Cour d'appel de Riom, Faustin Hélie, président honoraire à la Cour de cassation et depuis vice-président du Conseil d'État, et Paul Pont, conseiller à la Cour de cassation. Paris, 1876. Chez Marescq, éditeur, rue Soufflot, 17.

les dispositions des circulaires ministérielles qui éclairent les points obscurs ou douteux.

Ces annotations sont suffisantes pour permettre aux magistrats sur leur siége et aux hommes d'affaires dans leur cabinet, de se remettre rapidement en mémoire la jurisprudence de la Cour de cassation et de la chancellerie.

La seconde partie comprend toutes les lois dont la connaissance peut faciliter l'étude des parties importantes de la législation. Elle commence par un édit de 1607 sur les attributions du grand voyer et finit par le décret du 18 février 1876, relatif aux conditions d'admission aux cours de l'École supérieure de guerre. Par une heureuse innovation, les auteurs, qui ont classé les textes par ordre chronologique, ont obvié aux inconvénients que cet ordre peut présenter, au moyen d'une table alphabétique de concordance qui groupe, sous un mot *indicateur*, dans un ordre chronologique, les lois, ordonnances, décrets, etc., etc., qui ont trait à la même matière. De cette façon, les recherches n'entraînent aucune perte de temps et ne présentent aucune difficulté. Ainsi connaît-on la date du texte à consulter? Il suffit, pour le rencontrer, de suivre le titre courant du complément. Dans le cas contraire, on n'a qu'à rechercher, à la table de concordance, le mot qui indique la matière et l'on trouve le texte à sa date.

Une table alphabétique générale termine l'ouvrage. Des renvois fréquents et combinés en relient les deux parties l'une à l'autre, de manière que le lecteur ait sous les yeux l'indication de tous les actes législatifs qui complètent, abrogent ou modifient les dispositions de la législation codifiée.

Les auteurs avaient l'intention d'éliminer soit de la première, soit de la seconde partie, les textes abrogés pour ne recueillir que ceux qui sont encore en vigueur. On aperçoit de suite les difficultés d'application de cette pensée excellente. Il est assez aisé, en effet, de constater l'abrogation qui est formellement prononcée par la loi nouvelle; il n'en est pas ainsi de l'abrogation tacite. On admet sans doute que l'abrogation des lois antérieures par les lois postérieures n'a lieu que lorsque l'exécution des premières est absolument inconciliable avec l'exécution des secondes; on reconnaît aussi que la loi générale n'est censée déroger à une loi spéciale que lorsque la dérogation est expressément exprimée, mais il peut y avoir des dissidences dans l'application. Aussi les auteurs ont-ils été très-circonspects: ils se sont abstenus dans tous les cas où il peut y avoir des divergences, ainsi que dans ceux où un usage constant, universel et de longue durée pouvait être en lutte avec une loi qui n'était pas d'ordre public. Laissant à la doctrine et à la jurisprudence le soin de résoudre ces difficultés, ils ont reproduit les textes au sujet desquels la controverse ou les doutes peuvent naître, et indiqué les monuments de jurisprudence qui existent.

Du reste, le public est garanti contre l'inexactitude et les défauts de méthode par le nom des trois jurisconsultes qui ont concouru à ce grand travail.

Ce que ces éminents jurisconsultes ont jugé impossible à exécuter, on a songé à le faire exécuter par le législateur lui-même ; l'exposé des motifs de la proposition de loi relative à la codification successive des lois, présentée à la Chambre par M. Labitte, député, dans la séance du 3 juin 1876, en est la preuve la plus récente :

« L'unité de législation est une de ces idées qui s'imposent dans la vie d'un peuple, quel que soit le degré de civilisation, avec l'autorité incontestable de la vérité ; on peut en suivre de siècle en siècle le développement à travers notre histoire. Elle se manifeste dès le règne de Charlemagne. Ce grand homme, disent les historiens, « forma le « dessein d'ajouter aux lois franques celles qui leur manquaient ; il « voulait les unir et faire disparaître les différences. »

« Tentative glorieuse que les malheurs des temps ont fait échouer, et qui fut reprise par Louis IX, par Charles VII et par Louis XI, mais sans pouvoir aboutir encore.

« Les États généraux de 1484, qui sont en bien des points les précurseurs des États de 1789, appelèrent de tous leurs vœux cette unité législative, qui était comme une sorte d'idéal auquel la nation s'attachait avec une ardeur nouvelle à chaque nouvelle assemblée de députés.

« Les ordonnances de 1499 et de 1539 tendent à ce but. De 1561 à 1573, les États généraux provoquent de nouveaux progrès, et les belles ordonnances d'Orléans, de Moulins et de Blois, sortent de leurs délibérations. Le mouvement ne devait plus s'arrêter ; on voit paraître successivement le code Henri III, le code Henri IV, le code Michaud, où le garde des sceaux, Michel de Marillac, résume, en 1630, les vues supérieures des États de 1614 adoptées par Richelieu.

« Sous Louis XIV, des hommes auxquels la France républicaine gardera toujours un respect profond, parce qu'elle a le culte de tous ceux qui ont contribué dans le passé à la grandeur du pays : Lamoignon et Colbert, voulaient pour le royaume un Code aussi complet que le Code Justinien pour le droit romain.

« L'unité législative, disait Colbert à Louis XIV, serait assurément un dessein digne de Votre Majesté, et qui lui attirerait un abîme de bénédictions et de gloire.

« Cette pensée du grand ministre eut un commencement d'exécution dans les ordonnances civiles et criminelles, *du commerce, de la marine, des eaux et forêts*, dont quelques-unes des principales dispositions ont été conservées par notre législation.

« Sous la monarchie tout dépendait du roi. A la mort de Colbert, le progrès s'arrêta et l'œuvre interrompue pendant soixante ans ne fut reprise que par d'Aguesseau qui voulait, comme Colbert, ramener les lois à l'unité. Il prépara et fit promulguer, de 1731 à 1749, les ordonnances sur les testaments, les donations, les substitutions et ce fut là, au XVIIIe siècle, la plus haute expression des progrès du droit civil.

« L'ancienne monarchie a toujours poursuivi ce grand dessein par ses hommes de loi les plus illustres et ses plus grands jurisconsultes, les Cujas, les Dumoulin, les Loysel, les Pasquier, les Lamoignon, les Domat, etc., etc...

« Par malheur, elle ne s'apercevait pas qu'elle luttait contre une impossibilité résultant de l'immense morcellement des coutumes, de la hiérarchie des castes, des priviléges aristocratiques, ecclésiastiques et bourgeois, des dissemblances du régime provincial et municipal. Mais, en dépit d'obstacles qu'elle ne pouvait point surmonter, elle poursuivait toujours la simplification et l'unification, dont la nécessité s'imposait aux gouvernants aussi bien qu'aux gouvernés.

« La Révolution a fait disparaître ces obstacles : elle a institué l'unité politique. Mais en sortant d'un régime qui datait de plusieurs siècles, elle n'a pu en faire disparaître complétement toutes les traces, et depuis 1789 jusqu'à ce jour, on en retrouve la marque dans toutes les lois qui ont été promulguées.

« L'unité politique est définitivement accomplie depuis 1789, et malgré le progrès, l'unité législative est encore à réaliser.

« Puisque tout Français doit connaître la loi, il faut arriver à la lui donner dans la forme la plus claire, la plus saisissable, la plus accessible à tous.

« Dans l'état actuel, chacune de nos lois, au lieu de former un tout complet et définitif, resserré dans un seul et même texte, se compose de plusieurs lois superposées. En effet, quand une loi succède à une autre, on laisse toujours subsister un certain nombre d'articles des lois précédentes et contingentes sans les abroger.

« Il s'ensuit que, pour appliquer, sur un sujet donné, une loi, même nouvelle, il faut remonter d'années en années, à celles qu'elle remplace, conférer les articles abrogés avec les articles restés en vigueur, et chercher la jurisprudence qui est ressortie de l'entassement de textes souvent contradictoires.

« Dans ces conditions, l'application de la moindre de nos lois devient un véritable travail de jurisconsulte, analogue à ce qui se passait autrefois à propos des coutumes.

« Pour remédier à cette situation, dont les graves inconvénients frappent les yeux et se font évidemment sentir dans les relations de la vie privée, aussi bien que dans le droit public, il nous paraît urgent d'adopter dans l'avenir une marche différente.

« Nous ne prétendons pas, et nous insistons sur ce point, qu'il soit nécessaire et opportun de soumettre toutes les lois à une revision immédiate et générale et de les refondre d'un seul jet.

« Nous demandons seulement qu'à l'avenir toutes les fois que les Chambres seront appelées à formuler des changements importants et multiples dans une loi, elles ne s'en tiennent pas à une revision partielle.

« Nous demandons que, tout en conservant ce qui est ancien, elles le coordonnent dans un seul et même cadre, avec ce qui est nouveau ; qu'elles donnent sur la matière un Code complet, résumant l'esprit de la jurisprudence, de telle sorte que, sur chaque question, on trouve une solution définitive qui dispense les praticiens de prendre l'opinion des légistes et les laisse suivre l'autorité et la lettre de la loi »

PROPOSITION DE LOI.

« Art. 1er. — *A l'avenir, toutes les fois que les Chambres seront « appelées à formuler dans une loi des changements importants et « multiples, elles ne s'en tiendront pas à une revision partielle.*

« Art. 2. — *Elles reprendront dans les lois antérieures tout ce.*

« *qu'elles jugeront convenable d'être conservé; elles mettront les articles* « *des lois contingentes en rapport avec les changements apportés et* « *régleront la jurisprudence suivie à l'égard des articles maintenus.*

« Art. 3. — *La promulgation de cette loi nouvelle entraînera l'a-* « *brogation complète de toutes les lois antérieures sur la matière.* »

Ce projet de loi sera-t-il pris en considération? est-il même d'une application bien pratique au milieu de l'expédition des affaires courantes? Il faut attendre que la discussion s'ouvre à la Chambre avant de répondre.

Pour les lois qui émanent de l'initiative parlementaire, il sera bien difficile d'astreindre les auteurs des projets à se conformer à la loi Labitte; pour celles qui émanent de l'administration, l'urgence ne permettra pas toujours de suivre le vœu de la proposition Labitte; il faudrait donc, pour réaliser cette pensée si féconde, que les projets de loi fussent, comme autrefois, élaborés par le Conseil d'État, qui seul aurait pleinement qualité et compétence pour se livrer au travail de revision, d'enchaînement et de reconstitution des textes, chaque fois que des modifications importantes nécessiteraient ces changements de rédaction ; car pour relier le passé au présent, dans certaines matières législatives, et pour en former un tout qui se tienne à nouveau et qui soit homogène, il faut posséder des connaissances très-étendues, très-variées, se livrer à des recherches parfois très longues : aussi le Conseil d'État offre-t-il seul assez d'aptitudes diverses réunies pour se charger, avec suite et méthode, de l'accomplissement d'une œuvre de ce genre ; la section de législation reconstituée sur de larges bases peut seule y pourvoir.

V. — Des répertoires législatifs et réglementaires en général ou recueils de jurisprudence. — Des dictionnaires administratifs en usage en France et plus spécialement d'un dictionnaire administratif particulier à la marine. — Aperçu sur un projet de ce genre. — Conclusion.

La refonte de la législation de la marine et des colonies ne présentera pas, à beaucoup près, les difficultés qu'a offertes et qu'offre aujourd'hui encore la revision complète de l'ensemble de nos lois générales et spéciales. Toutefois, les observations faites par la commission qui a fonctionné de 1824 à 1831 et dont nous avons analysé précédemment le travail, ne seront pas perdues pour nous.

La refonte des recueils périodiques de la marine, surtout si elle est continuée, évitera, dès lors, bien des difficultés, lèvera bien des doutes pour le maniement journalier des affaires, dans un service surtout où la promptitude dans l'action domine souvent toutes les autres considérations, et ne permet pas, par suite, de réfléchir et de délibérer quand il faut agir avant tout et aller au plus pressé.

Mais, indépendamment de cette refonte permanente à préparer de longue main en vue des rééditions ultérieures, ce qu'il faut encore songer à entreprendre, c'est le répertoire raisonné, condensé, substantiel, ou mieux le Recueil ou le Dictionnaire, comme on voudra l'appeler, de l'administration de la marine, dont il a été parlé précédemment.

Les lois et les règlements maritimes et coloniaux appartiennent, pour la plupart, à une législation spéciale, en partie inconnue en France, si l'on en excepte les administrateurs de notre département au centre, dans les ports et aux colonies, et les marins eux-mêmes, ou quelques hommes particulièrement adonnés à l'étude des problèmes économiques, politiques et sociaux, soulevés par les questions générales de navigation, les questions de commerce extérieur et nos intérêts nationaux au dehors.

Ces lois et ces règlements forment un ensemble plus ou moins bien coordonné, au milieu duquel il est encore assez facile de reconnaître le plan et les vues générales de chaque époque politique ou gouvernementale, et surtout les tendances bien accusées des ministres dont le passage aux affaires a été marqué par des événements ou des changements importants pour la marine : Ducos en est une preuve encore récente, sans parler des autres.

Ce serait donc un ouvrage utile à faire que d'embrasser ces lois et ces règlements dans leurs parties principales et dans leurs détails les plus intimes, de les classer, en les coordonnant par ordre de matières, et, ne pouvant et ne voulant ni les codifier (on a dit pourquoi précédemment), ni même les reproduire en totalité comme dans un Bulletin périodique, de les interpréter, d'en donner l'esprit, de les analyser en substance, de les quintessencier, pour employer l'expression qui rend le mieux notre pensée, en un mot, d'en expliquer les motifs et l'application à ceux qui s'intéressent aux choses de la marine, à ceux qui doivent obéir à ces lois, et à ceux aussi qui sont chargés d'en suivre ou d'en surveiller la mise en pratique. Rien, en effet, ne serait plus utile pour apprendre, et, si l'on sait déjà, pour se remettre en mémoire les principes, la doctrine, la jurisprudence, les sources enfin où il faut aller puiser des éclaircissements sur les points obscurs ou douteux.

Malheureusement, une première difficulté se présente, et, pour n'être pas insurmontable, elle n'en créera pas moins, au début, quelques embarras qui pourraient être évités dans l'avenir.

Il est d'usage de terminer presque tous les actes réglementaires appliqués dans la marine et aux colonies par cette simple mention : « Les « dispositions qui sont contraires au présent acte sont abrogées », ou : « les dispositions qui ne sont pas contraires sont maintenues. »

Au nom de la science du droit et dans l'intérêt même du service et de la bonne application des règlements, ces formules banales et de style devraient être répudiées.

Dans les actes administratifs ou législatifs à préparer, les dispositions anciennes que ces actes entendent conserver ou abroger pourraient être indiquées, ou mieux encore, il serait désirable, en s'appropriant les idées du projet Labitte, de voir reproduire textuellement dans les nouvelles lois, les décrets, arrêtés, etc., les dispositions anciennes qu'on voudrait maintenir, afin d'élaguer ainsi successivement tous les actes abrogés.

Notre législation maritime et coloniale se trouverait alors dégagée d'une foule de textes tombés en désuétude ou modifiés et qui sont pêle-mêle avec ceux en vigueur. Or, si les recherches, les distinctions, les comparaisons, le choix à faire en un mot sont chose relativement facile pour le praticien, l'administrateur, le fonctionnaire ou l'homme d'État que l'expérience et le savoir guident, cela devient un grand embarras pour les marins comme pour les étudiants et pour les personnes étrangères à la marine. Il y a donc de ce chef une perte de temps qui pourrait être évitée à beaucoup de gens, sans parler des erreurs d'interprétation et d'application qui sont parfois à redouter dans la pratique, surtout lorsqu'à d'aussi grandes distances que celles où sont situées nos colonies et nos bâtiments, l'administration métropolitaine n'est plus là pour remplir utilement et à propos son rôle de suprême régulatrice.

Les lumières et les talents des rédacteurs de ces lois et règlements rendraient cette tâche très-facile ; et, en l'accomplissant, ils acquerraient de nouveaux droits à la reconnaissance de tous ceux, marins et autres, qui ont à étudier les actes en vigueur.

On sait, en effet, que les lois et règlements à appliquer dans la marine et aux colonies sont nombreux et que, pour la plupart, ils se modifient ou s'abrogent l'un l'autre, non-seulement dans le même ordre de matières, mais encore dans des matières qui procèdent souvent d'un ordre d'idées différent.

Les formules rappelées précédemment sont donc trop élastiques, trop évasives; et si commodes qu'elles soient pour les rédacteurs des lois, ordonnances, décrets, règlements ou arrêtés, il importe qu'elles ne subsistent pas, parce qu'elles peuvent, répétons-le, donner prise à des interprétations arbitraires en faisant revivre des textes oubliés ou tombés en désuétude ; or, c'est là un écueil à éviter avant tout, en marine plus encore que partout ailleurs.

Indépendamment de l'indifférence qu'on remarque en France pour les questions maritimes et coloniales, pour les questions extérieures en général, la législation maritime et coloniale est encore ignorée pour d'autres raisons, car il est des temps où l'on est condamné à l'ignorance faute de livres, comme il en est aussi où il devient difficile de s'instruire parce qu'on en a trop, ainsi que l'a dit Portalis dans son discours préliminaire sur le Code civil.

Donc, pour en revenir à ce qui est dit plus haut des formules évasives d'abrogation en bloc, comment distinguer les dispositions abrogées ou modifiées de celles qui se rapportent spécialement à la matière à étudier ? La plupart des publications officielles périodiques ou non périodiques intéressant la marine et les colonies n'ont pas été condensées en substance, et toutes ne sont pas encore pourvues de tables suffisamment méthodiques. Faudra-t-il donc les lire en totalité, feuille par feuille, pour connaître les actes qui se rapportent à une des matières spéciales dont on parlait à l'instant ? C'est impossible. Un dictionnaire ou un répertoire raisonné est donc devenu indispensable.

L'exécution d'un pareil travail n'offre pas, d'ailleurs, des difficultés insurmontables, et si l'on hésite pour en concevoir le plan, il suffira de s'arrêter à celui des deux systèmes qui se présente naturellement à l'esprit.

Faudra-t-il suivre l'ordre naturel des questions dans leur enchaînement systématique selon les divisions mêmes de chaque sujet maritime ou colonial se rattachant à un point donné du droit administratif, financier, ou de la législation tantôt générale, tantôt spéciale ? ou vaudra-t-il mieux se renfermer dans la forme la plus simple et la plus vulgaire, mais aussi dans celle qui est préférée par le plus grand nombre, parce qu'elle facilite davantage les recherches : la forme alphabétique, en un mot ?

Le premier plan paraîtrait plus méthodique, plus rationnel, plus approprié aux usages bibliographiques et didactiques, surtout s'il s'agissait d'un ouvrage exclusivement destiné à l'enseignement ; il permettrait peut-être alors de reproduire plus exactement la physionomie de chaque sujet, mais la construction des articles pourrait aussi perdre en clarté et en développements utiles ce qu'il faudrait nécessairement sacrifier à l'unité.

Le second plan paraîtrait plus commode, sinon pour les auteurs d'un pareil travail, du moins pour le maniement journalier des affaires et les recherches qu'il nécessite. Or, si l'on recourt à un ouvrage de ce genre pour ses études, au début d'une carrière, on s'en sert aussi et surtout quand on a quelque certitude d'y trouver les renseignements que l'on cherche, pour l'application courante des lois et des règlements, et c'est principalement en vue de cette application qu'il faut travailler.

L'ordre alphabétique, d'ailleurs, pourrait être conçu, en même temps, sur un plan qui permettrait de donner des développements d'ensemble et des définitions théoriques, didactiques ou doctrinales, sur chaque question, ce qui exclurait d'une part le morcellement trop multiplié du travail, mais obligerait, d'autre part, à une répétition plus ou moins fréquente des textes, ou des citations et simples renvois aux textes visés, afin d'embrasser, dans un cadre unique, surtout pour les articles importants et de fond, tous les principes et les mentions des actes applicables à une même matière traitée sous chaque rubrique.

Les répétitions, si elles ont parfois leur utilité, peuvent, à la rigueur, être évitées dans un ouvrage qui aurait la prétention d'être en même temps doctrinal et pratique, au moyen d'un système de tables de concordance appropriées aux recherches à faire, soit à l'aide de titres de renvois, soit à l'aide d'indications de référence ou de tout autre moyen de classification qui permettrait toujours de se reconnaître avec promptitude et sûreté, en présence d'une recherche à faire et se rattachant à plusieurs sujets ayant entre eux quelque connexité.

Un premier point qu'il sera indispensable de traiter avant tous les autres, quoique succinctement, c'est l'origine historique de notre législation maritime et coloniale sur chaque matière importante. « Il faut « éclairer l'histoire par les lois, et les lois par l'histoire », a dit Montesquieu. Rien, en effet, n'est plus propre à faire apprécier les *avantages* d'une législation que la comparaison qu'on peut en faire avec celle qui l'a précédée. Il faut dire les avantages seulement, et non les *avantages et les abus,* car si l'ouvrage, sans avoir, à proprement parler, d'attache officielle, doit être édité par le département de la marine, qui paraît seul en mesure de faire les frais d'une publication de ce genre, tout en laissant aux auteurs l'entière responsabilité de leurs articles, dont il pourra d'ailleurs surveiller au besoin la rédaction, cet ouvrage, disons-nous, devra évidemment se borner à une exposition de principes et fournir des développements successifs sous chaque titre adopté, mais ne jamais atteindre la hauteur d'une critique raisonnée, ne jamais prendre la tournure d'une controverse, alors même qu'il s'agirait de points sur lesquels la discussion serait ouverte dans la presse, à la tribune ou dans les conseils du département. Chaque article, du reste, pourrait être soumis à la revision et au contrôle d'une commission ou d'un ou plusieurs chefs supérieurs du ministère.

La partie historique des exposés pourrait laisser à désirer si les auteurs du travail ne savaient pas tirer parti des ouvrages susceptibles de les éclairer et de les guider. Bien que ces ouvrages soient très-rares, peu connus, que personne ne les cite, il faudra cependant s'en aider, si l'on veut être complet sur chaque sujet ; car cette partie de l'ouvrage pourrait manquer d'intérêt si les rédacteurs devaient tirer uniquement de leur propre fonds ou à peu près la partie historique des exposés et qu'ils négligeassent les quelques ouvrages utiles à consulter, et aussi les rapports de présentation, exposés des motifs et comptes rendus des discussions de chaque acte.

L'étude comparée des différents textes se rapportant à une même question selon les époques, à ne parler même que de notre siècle, assurera bien un aliment suffisant pour une partie de l'ouvrage ; mais là ne devra pas se borner la tâche de ceux qui entreprendront cette œuvre.

Quant à l'exposé doctrinal des lois et ordonnances en vigueur dans la marine, ainsi que des sénatus-consultes, décrets et règlements généraux ou spéciaux qui offrent le plus d'intérêt, leur interprétation et leur mode d'application constitueront le fond même de l'ouvrage dont le besoin se fait sentir, et l'on devra s'aider, pour cette partie du travail, non-seulement des textes, mais des décisions officielles émanées des différentes autorités administratives, métropolitaines ou coloniales, principalement des décisions ministérielles, et, aussi, des décisions judiciaires ayant formé, fixé ou confirmé la jurisprudence du département, car ces décisions viendront à titre d'exemple, et toujours avec plus de poids qu'une opinion individuelle, corroborer les développements qu'on devra fournir sur chaque sujet traité.

Enfin, pour faciliter l'étude même des lois, ordonnances, décrets, arrêtés et règlements en vigueur et qui sont d'un intérêt général pour la marine, et d'une application constante, il faudra toujours avoir soin de signaler, en raison de leur éparpillement et des omissions qui existent à ce sujet dans les publications officielles du département, non-seulement les dates de ces actes, comme on se borne à le faire habituellement, mais encore les recueils et ouvrages où ils sont insérés (tomes et pages), afin qu'on puisse en consulter le texte aisément, après les exposés et développements résumés dans le Recueil ou Dictionnaire en question. Il devra, au reste, en être ainsi de toutes les autres sources d'informations à indiquer.

Quant aux circulaires et décisions ministérielles qui interprètent et modifient même parfois des actes émanant d'autorités plus élevées que le ministre dans la hiérarchie gouvernementale, comme ces décisions et circulaires ont une valeur au moins doctrinale pour les subordonnés du ministre, qui ne sont après tout que les exécuteurs de ses ordres, elles devront être citées et analysées au besoin dans un recueil de législation spéciale comme celui dont la marine a besoin, lorsqu'elles n'auront pas été rapportées par des actes postérieurs.

Il est bon de rappeler en terminant que les actes en vigueur dans la marine peuvent être considérés, comme les lois générales, sous trois points de vue différents : ils ordonnent, autorisent ou règlent. Quant aux principes qui régissent l'abrogation des lois, ils s'appliquent aussi aux actes en vigueur dans la marine et aux colonies, mais avec moins de force cependant [1].

Nous nous sommes efforcé, au cours de cette étude, de mettre en

---

[1] Voir la préface du *Bulletin officiel de la marine*, édition refondue, tome Ier, pages XV et suivantes.

lumière l'intérêt que présente, pour les administrateurs et pour les administrés eux-mêmes, la refonte des anciens recueils de législation.

Incidemment conduit à examiner s'il ne serait pas nécessaire, pour plus d'unité, de condenser, dans une sorte de code, tous les actes législatifs et réglementaires en vigueur, nous avons reconnu qu'un pareil travail, dont l'idée séduit au premier abord, n'aurait aucun avantage pratique. A cette codification des matières administratives maritimes nous avons dû préférer une revision permanente des recueils législatifs, laquelle n'est, en définitive, que le rigoureux corollaire de la refonte des anciennes publications.

Mais, quels que soient les avantages offerts par un recueil comprenant la totalité des actes législatifs et réglementaires de la marine, et tenu constamment à jour; quelles que soient la forme employée et la méthode suivie pour la confection des tables annexées à un pareil document, le chercheur y trouvera rarement des vues d'ensemble sur une même question.

En voulant combler une lacune, dont nous n'avons pas à démontrer le danger, nous avons été amené à conclure que, dans l'état actuel des choses, la publication d'un dictionnaire administratif de la marine s'impose à tous les points de vue.

Un pareil ouvrage, tel que nous le comprenons, serait consulté avec fruit non-seulement par les administrateurs, mais encore par tous ceux qui, à un titre quelconque, ont besoin de connaître et le texte et l'esprit des actes multiples régissant la marine. On devrait y trouver, sous une forme simple et concise, la solution des questions principales qui se peuvent rencontrer en une matière aussi vaste que la réglementation des choses maritimes. Alors, moins de recherches pénibles, et quelquefois infructueuses, dans les volumineuses collections; moins de controverses, moins de doutes engendrés par la contradiction apparente ou réelle qui existe quelquefois entre les documents ayant trait à la même matière.

Quelques personnes choisies et habilement dirigées pourraient mener à bien cette tâche importante. Pour les articles spéciaux ou techniques, qui prendraient utilement place dans les colonnes du dictionnaire, on pourrait faire appel au concours de tous ceux qui s'offriraient comme collaborateurs et, certes, le nombre serait grand des écrivains de bonne volonté. Ces travaux seraient ensuite revus et centralisés à Paris, où l'on prendrait soin de les faire entrer dans le cadre de l'ouvrage.

On comprend d'ailleurs que pour assurer l'exactitude des documents qui serviraient de base aux articles, il faudrait que le département s'occupât :

1° De préparer et de réunir, avec le plus grand soin, le Bulletin officiel des années courantes et les tables périodiques semestrielles, en tenant constamment à jour la table générale, en annotant les actes au fur et à mesure de leur apparition et en les enchaînant de suite avec leurs précédents ;

2° De reviser d'une manière permanente, en tenant compte des modifications, les bulletins des années précédentes et leurs tables ;

3° De tenir au courant, d'une édition à l'autre, les documents administratifs tirés à part et soumis à des réimpressions périodiques en dehors des recueils formant collection.

Nous venons, croyons-nous, d'indiquer une voie nouvelle aux travailleurs, aux chercheurs, à tous ceux enfin qui sont convaincus de la vérité de la maxime : *Scire leges non est earum verba tenere, sed vim et potestatem.* Nous serons amplement récompensé si l'œuvre, dont nous avons esquissé le plan à grands traits, porte un jour les fruits que nous en attendons.

Nancy. — Imprimerie Berger-Levrault et Cie.

NANCY, IMPRIMERIE BERGER-LEVRAULT ET Cie.

www.ingramcontent.com/pod-product-compliance
Ingram Content Group UK Ltd.
Pitfield, Milton Keynes, MK11 3LW, UK
UKHW022151170726
13837UKWH00004B/1923

9 782329 162010